Für Dich

∞

Aus dem Herzen geflossen
In Tinte gegossen – Zeile für Zeile
Wort für Wort

Vergänglichkeit ist eine Illusion

CHRISTINE FRANKE

Bibliografische Information der Deutschen Nationalbibliothek:
Die Deutsche Nationalbibliothek verzeichnet diese Publikation in der Deutschen Nationalbibliografie; detaillierte bibliografische Daten sind im Internet über http://dnb.dnb.de abrufbar.

© 2019 Christine Franke

Umschlag: Christine Franke unter Verwendung eines Fotos von Dawn Mayfarth@istockphoto und eigenen Fotografien
Bilder: Christine Franke
Fotografie Sanduhr: CharlieAJA@istockphoto

www.Christinefranke.de

Herstellung und Verlag: BoD – Books on Demand, Norderstedt

ISBN: 9783749430024

Sicherheitshinweis

Bitte halte Dich beim Lesen auf der <u>rechten</u> Buchseite und drehe <u>niemals</u> das Buch ohne Aufforderung um!

Unsachgemäße Verwendung kann zu erheblichen Schäden im gesamten Raum-Zeit-Kontinuum führen!

Vielen Dank und eine gute Reise!

Ewiges Kleeblatt

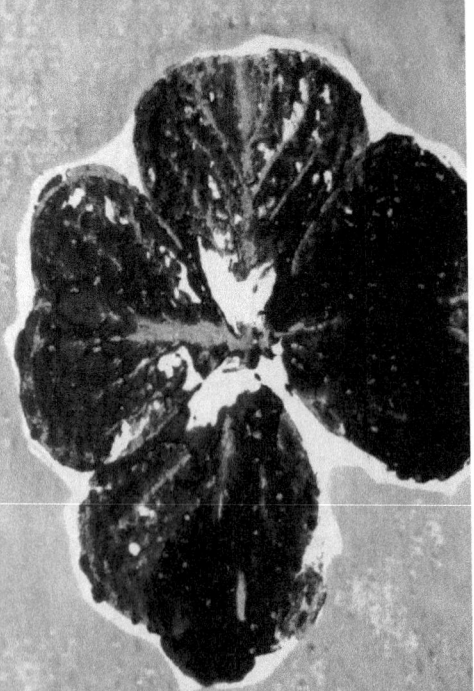

Inhalt

Aus dem Herzen geflossen.................... 11
Schneeflocke.................................... 13
Meine Liebe, mein Glück.................... 15
Lebensklang..................................... 21
Tief berührt..................................... 29
Mach Dich auf die Reise..................... 37
Frei und geborgen............................. 45
Ozean der ewig aufgehenden Sonne......... 51
Ich möchte Dich berühren................... 55
Sehnsucht.. 57
Wiese des Lebens.............................. 69
Du bist wundervoll............................ 73
Bild: „Im Licht"................................ 75
(Un)mögliche Begegnung.................... 77
Flügelschlag..................................... 79
Vervollkommnung............................. 87
Unsere Zeit...................................... 93
Gemeinsame Bilder............................ 99
Illusion... 101
Messel Zeit...................................... 105
Sie haben den Moment gelöscht............ 113
Spiegel... 119
Stern der Ewigkeit............................. 121
Verlorene Heimat.............................. 125
Deine Zeit....................................... 131
Verstummte Träume........................... 139
Wie frei.. 143
Zerrissen... 145
Honigsüßer Mond.............................. 149
Verlorener Moment............................ 157
Ein Licht... 161
Frühlingsversprechen......................... 165

Bild: „Geborgen".	167
Lächelnde Augen.	169
Geliebtes Kind.	171
Geborgen.	179
Mein Kind.	181
Nachtstern.	187
Gib nicht auf.	189
Schließe die Augen.	195
Seelenschmetterling.	199
Verbindung zum Herzen.	201
Heimat.	203
Flügel der Nacht.	205
Liebe Elise.	207
Macht's gut.	229
Mein geliebter Ludwig.	231
Liebe ist unsterblich.	237
Angefangene Bücher.	239
Schneefall.	243
Wolken.	245
Nichts ist Vergänglich.	251

*N*ichts ist wirklich vergänglich
*E*s verändert sich nur

*I*rgendwann ist der Sand hindurchgelaufen
*D*ie Zeit ist um

*D*och - wenn Du die Sanduhr drehst
Läuft der Sand zurück

*B*itte drehe nun die Sanduhr (das Buch) um

*W*illkommen in einer unendlichen Zeitschleife

Aus dem
Herzen
geflossen

In
Tinte
gegossen

Zeile für Zeile
Wort
für
Wort

Sie verführen

Verwunden

Verformen sich

Ein ewiger Zauber
Der Hausfrauchen

In verführlicher Femininen

Die niemals sind
Denn stets sind sie am werden

Schneeflocke

Unaufhaltsam
Sinkt sie nieder

Küsst die Welt
Verschmilzt dann wieder

Und geht
-
Als ob sie Niemals war

Ein ewiger Zauber
Der Traumfarmation
In verständlicher Formationen

Die niemals sind
Denn stets sind sie am werden

Gedanken schweben
Gedanken ziehen

Gedanken formen sich zu Neuem

Zu phantastischen Träumen
Die nicht sind

Meine Liebe, mein Glück!

Wenn ich am Morgen meine Augen öffne, bist Du es, die mir mein erstes Lächeln schenkt.
Du legst Dich zart auf meine Lippen, berührst und formst sie.
Du bist es, die sanft meine Augen küsst, sie strahlen, hoffen und lieben lässt.
Du trägst mich in und durch den Tag, verzauberst meine Welt, hältst und schützt mich.

Ich hatte erahnt, dass es Dich gibt... gehofft, gesehnt... doch auch gezweifelt.

Wolken

Wolken schweben
Wolken ziehen

Wollen formen sich
Zu Neuem

Zu phantastischen Träumen
Die nicht sind

Sie verändern

Verwandeln

Verformen sich

Und dann... die Gewissheit - ich fühlte
Dich und wusste nicht wohin mit mir.
Du hast mich mitgenommen,
weggetragen, hochgehoben und...
lächeln lassen.

Du hast einen Raum in mir gefüllt,
der viel zu lange leer war.
Bleib
und ich lache, weine, lebe, werde, liebe in,
durch und mit Dir!
  Ich will nur von Dir berührt
   werden, denn nur Du
   hast diese Wärme,
  Liebe und...
  diesen Zauber!
Du hast mich verzaubert,

Weiße Schneeflocken
fallen
aus dem schwarzen
Himmel

Und weißen
schwarze Schatten
auf den weißen
Schnee

vom ersten Augenblick an und hast nie
einen Funken davon verloren!

Und so lebe ich diesen Zauber,

Tag für Tag,
Stunde für Stunde,

Minute für Minute,
Herzschlag für Herzschlag!

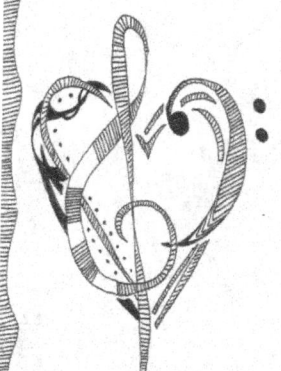

In ewiger Liebe,

ein glückliches Herz

Gibt es irgendwo einen Ort
In dem sie sich sammeln

All diese Aufsätze

Einer Ort
In dem sie leben
Wird einfach nur sind
Was sie sind

Eingescante Bücher
Wird halbgebliesnte Träume

Die Freifaden
Ingarduise

Vollkommen sind

Lebensklang

Aus Wolken
Du in Klängen sprichst

Erkenne mich
Die ich erwartend
Dich empfange

Mit allen Farben
Die ich bin

Und allen Farben
Die ich werde

So durchdringe
Meine zarte Hülle

Angefangene Bücher

Was passiert
Mit den Büchern
Die wir schließen
Bevor wir sie
Zu Ende geschrieben haben

Was passiert
Mit den Träumen
Aus denen wir erwachen
Bevor wir sie
Zu Ende geträumt haben

Vielleicht...

Nur eines vielleicht

Lege all Dein strahlend Licht
In mich

Ich will Dich umgeben
Zitternd halten
Sanft umschließen

Wie fließend Farben
Die sich streifen
Erst zart umfließen
Dann begreifen

So will ich mich
Mit Dir vermischen

Mit Dir

Die Du vollkommen bist

Unendlich
Eben
Klar

Ich liebe Dich

Dich - der ich mich sehnend öffne

Die lichterfüllend
In mich strömt

Und ihre hellen
Zarten Flügel

In jene dunkle Winkel bringt

An Tage erstarren meine Thränen zu
einer spiegelglatten, kalten Fläche, aber
kaum berührt das Licht des Mondes
meine Augen, fliessen sie unaufhaltsam
über mein trauriges Gesicht.

Geliebter, das Leben ist endlich,
nicht aber die Liebe, durch welche wir
für alle Ewigkeit verbunden sind.

In niemals endender Liebe,

Elise

Die immer schon
Nur ihr gewidmet sind und bleiben

Nur Dir

Die Du vollkommen bist

Es könnte nicht sein.

Wird doch wahrer ich was ganz nicht.

Deine Blicke, in diesen Stunden des
Abschieds, ich werde sie nie vergessen.

Mein wertvollstes Seidentuch,
bedüftete noch einmal Deine
Haut und nur ist es immer bei
mir.
Es erhält die letzten Tropfen
Deines Lebens, welche langsam
über Dein Gesicht tauten.
Ich baue nun in der Nacht
weinen, damit niemand meine
Tränen sieht.

Tief berührt

Tief berührt
Dem Zauber längst verfallen

Hinweg gespült
Hinfort geführt
Hinauf getragen

Als Traum
In dieser Welt
Gespürt

Unendlich - Nah

Verführt
Veredelt

Mein geliebter Ludwig,

diesen Brief wirst Du nicht mehr lesen können und doch will ich ihn schreiben.

Geliebter,
wie unendlich schwer ist mein Herz.

Dich gehen zu lassen, nichts hätte schmerzhafter sein können.

Wie glücklich bin ich aber, diese letzten, kostbaren Stunden an Deiner Seite verbracht zu haben.

So gerne wäre ich mit Dir alleine gewesen und hätte Deine Hand gehalten.

Den Moment
Als Ewigkeit

Unvergänglich eingehüllt
Unverwüstlich ausgefüllt

Zart vernebelt
Doch so klar

Ist dieser Klang
Der seinen Weg
Nicht sucht - er findet

Der diese Welt versucht
Dann schwindet

Macht 's gut

So leb' ich in der Stille
Die Tastatur auf mir hilft
Es war so nicht mein Wille
Die Fehre und die Welt

Lebt wohl mit Euren Lieben
Allein Tugend ist von Wert
Zeit lässt sich nicht verschieben
Mir bleibt sie bald verwehrt

Um selbst als Welt
Sich zu erfinden

Ton und Gefühl
Sich zart verbinden

Um aufzublühen
Einzufüllen
Aufzubrechen
Einzuhüllen

Und sich als Ganzes
Zu erheben

Als Geist der Liebe - frei zu leben

Sich zart zu legen

Liebe Elise,

Kannst Du Dich noch erinnern?

An die Zärtlichkeit, das Fliegen und Küssen?

Es war so schön
Es war ein Glück
Es war unsere Zeit!

In Gedanken bleibt sie ewig bestehen

Dein treuer Ludwig

Tief berühren

Klang- und liebevoll
Verführen

So tief berührt

Dem Zauber längst verfallen

Eine wundervolle Erinnerung

*Meine Gedanken kreisen
Erheben und schweben
Zurück zu unseren Anfängen:*

*Liebe Elise,
Kennst Du Dich noch erinnern?*

*An die Freiheit
Unbeschwertheit
Lebendigkeit?*

Mach Dich auf die Reise

Als der Herbst mich zwang
Zur Ruh' zu geh'n

Da ließ ich meine Blätter fallen

Tänzelnd schwebten sie hinab
Es mocht' mir nicht gefallen

Schutzlos stand ich Rest nun da
Konnt' selbst mich nicht bekleiden

Es schmerzt, drückt, quälet
Und lässt mich verzweifeln
Ich zerspringe innerlich
In tausend Teile
Ich will ohne dieses Glück
Verdammt in der ewigen Finsternis
Nicht leben müssen!

Was soll ich tun?
Es ist vorbei...
Unsere Wege trennen sich....
Für immer!
Alles was mir nun noch bleibt ist die
Erinnerung

Die Tränen rannen still hinab
Enthielten all' mein Leiden

Der Winter
Würd' mein Tod nun sein
Das konnt' ich still erahnen

So schloss ich alle Trauer ein
Die Zeit kennt kein Erbarmen

Die Stille atmen und vergehen
Das war mein letzter Wille

Im Sommer
Würd' ich wieder blühen
Das wusst' ich, in der Stille

Ich denk daran
Zu jeder Zeit
Ich denk an Dich - an diese Qual!

Ja... zu jeder Zeit!

Liebe Elise,
Kannst Du Dich noch erinnern?
An den Abschied, die Gewissheit, das Ende?

Liebe Elise, kennst Du Dich noch
erinnern?
An das Nichts
Die Leere, die Dunkelheit?

Da kam der Frühling
Küsst' mich wach

Ich wollt es erst nicht glauben

Es brauchte nur der Sonne Kraft
Die Starre mir zu rauben

Da war ich wieder - blühte auf

Die Tränen sangen leise:

Nie still steht unser Jahreslauf
Und bist Du noch so leise

Sahen uns fast in die Augen!

Liebe Elise,
Kannst Du Dich noch erinnern?
An die Sehnsucht
Verzweiflung und Hoffnungslosigkeit?

Liebe Elise,
Kannst Du Dich noch erinnern?
An den Schmerz
Die Tränen
Und
Das Leid?

Vergib der Zeit

-

Halt Dich nicht fest

Vergeh auf Deine Weise

Doch

Küsst der junge Frühling Dich

Dann mach Dich auf die Reise

Ich kann kaum glauben
Dieses Glück erlebt zu haben
Dieses Wunder

Diese Einzigartigkeit der Intensität –
Es war mehr als Alles
Was ich hätte mir erträumen können
Mehr als Alles
was mir möglich erschien:

Wir begegnen, verehren, berühren,
verführten, tanzten, lachten, weinten, schlier.
Wir drehten, flatten, spürten, lächten,
sangen, sprangen, schwebten, beben und…

Frei und geborgen

Da saß ich nun
Auf diesem Felsen

Ich sah hinaus aufs weite Meer

Grenzenlos
Unendlich
Weit und tief

Frei - doch geborgen

Sonne berührte meine Haut
Sie schmiegte sich an mich
Streichelte und hielt mich

Liebe Elise,
Kannst Du Dich noch erinnern?

An die Musik
Die Berührungen
Und Begegnungen?

Liebe Elise,
Kannst Du Dich noch erinnern?

An das Gefühl der Unendlichkeit
Einsfühligkeit
Und
Unverwundbarkeit?

Sie legte kleine Sonnensterne
Ins Wasser

Und verwandelte

Kraftvoll
Jagende
Wellen

In aufsteigend
Funkelnde Perlen

Da legte ich mein Lächeln
In die Tiefen des Meeres

Und das Meer nahm es mit

Liebe Elise,

Kannst Du Dich noch erinnern?

An unsere Geschichten

Phantasien

und

Träume?

Ich denk daran

Zu jeder Zeit

Ich denk an Dich

An dieser Traum!

Ja, zu jeder Zeit...

Ich war frei

Frei in dieser unendlichen Weite
Des hell funkelnden Meeres

Welches in seiner Weite
Meine Seele erkannt

Und sich schweigend
-
Innig

Mit ihr verband

Frei und geborgen

Oh ich denke daran
Zu jeder Zeit

Ich denke an Dich
An diesen Traum!
Ja, zu jeder Zeit

Liebe Elise,
Kannst Du Dich noch erinnern?

An unser Lachen
Die Sterne
Und der Mond?

Ozean der ewig aufgehenden Sonne

Meine Augen
Fallen zu

Ein kühler Windhauch

Die klare Nachtluft
Deckt sie zu

Wie ein Seidentuch
Voller Träume

Mein Lächeln
Geht auf

Oh liebe Elise,
Kannst Du Dich noch erinnern?

An das Glück
Die Hoffnung
Und das Vertrauen?

Liebe Elise,
Kannst Du Dich noch erinnern?

An die Stunden
In völliger Glückseligkeit?

Du fängst mich ein
Trägst mich hinauf

Und lässt alles sein
So wie es ist

Voller Zuversicht

Still verbunden

Im Ozean
Der ewig aufgehenden Sonne

Liebe Elise,
Kannst Du Dich noch erinnern?

An die Nähe
Und die Tiefe
Der Empfindungen?

Liebe Elise,
Kannst Du Dich noch erinnern?

An die Wärme
Und das Gefühl
Der Vollkommenheit?

Ich möchte Dich berühren

Ich möchte Dich **heute** so berühren

Dass Du mich **morgen**
Noch spüren kannst

Und mich **übermorgen**
Nicht vermisst

Sondern in Deinem **Herzen** findest

Flügel der Nacht

Wenn die Nacht Dich zart berührt

Dann solltest Du
Deine Augen schließen

Und Dich mitnehmen lassen

Sie wird ihre zarten Flügel
Um Dich legen
Dich hüllen
Wärmen
Und mitnehmen

–

In eine andere Welt

Sehnsucht

Sehnsucht reißt
Sie zieht und zerrt
Sie fleht und schreit

Sie fordert und nimmt
Sie blüht und gedeiht

Sie tötet und greift
Nach allem was schweigt
Was hindert und neigt

Und sie erkennt
Dass nichts mehr bleibt
Wenn sie sich nimmt
Was ihr erscheint

Heimat

In Deine Ruhe
Lege ich mich wieder
Und schließe meine Augen zu

An Deinen Herzen
Fühle ich mich wieder
Höre doch den Wellen zu

In ihrem Flüstern
Finde ich meine Lieder

–

Meine Heimat die bist Du

Als ihr Eigen
Ihr Besitz
Ihr Gewinn

Und in allem bleibt
Ein zarter Nebel

Der nicht steigt
Sondern sich legt

Verschleiert
Vernebelt
Vertreibt

Und unter ihm
Eine unbequeme Wahrheit

Vehlete niemals

Die Verbindung
Zu Deinem
Herzen

Ich traue sie
In Deinen
Augen
Sehen

Einverleibt
Verwandelt
Verhext

Zum Nötigsten zersetzt

Zerstört
Zerstückelt
Zerlegt

Unerzogen schweigt

Die Wahrheit neigt
Verbogen - zu Neuem erhoben

Und doch irgendwie gefangen
In ihrem Wesen selbst

Seelenmitteilung

Die Leichtigkeit des Daseins spüren
Liebevoll die Welt berühren

Der Zauber des Moments bestätigen
Beschwerendes hinunterstreifen

Das Leben und die Liebe spüren
Die Seine und das Licht berühren

Das Herz befreien – Leben steigen
Gedanken durch den Himmel schweifen

Und – besonders

Besonders in ihrer Gestalt
Trotz ihrer Gewalt
Trotz ihrer Macht
Sie immer wacht

Über der Klarheit zarten Klang

Vernichtet
Verlogen
Verloren
Verstoßen

Und doch sage ich Dir

Du denkst nur hieran
Ohne Pause zu machen

Es gibt nichts zu tun
Außer zu träumen und lachen

Und Irgendwann
Bist Du wieder da
Dein Lächeln ist ehrlich
Dein Lachen wahr

Nur ist es an der Zeit
Wieder weiterzugehen

Und falls Du es brauchst
Bleib kurz nochmal stehen

So manches Male
Schmeckt sie lieblich
Ja gar verführerisch

Und so lege ich mich
In ihre zarten Arme
Und lasse sie gewähren

Ihr vernichtendes Spiel
Mit mir
Meinem Leben und Sein

In dieser Finsternis der Leichtigkeit
Lass ich sie erleben

Was es heißt Teil zu sein

Schließe die Augen

„Wir müssen von Zeit zu Zeit
eine Rast einlegen und warten
bis unsere Seelen
uns wieder eingeholt haben."
(Indianische Weisheit)

Wenn Du Dich selbst
verloren hast
Dann bleib einfach stehen

Schließe die Augen
Lass alles geschehen

Teil meiner Selbst
Teil meines Tanzes
Teil und nicht Ganzes

Und

Sie schweigt

Lass all' die Dunkelheit
Hüter Dir.

Du darfst nie aufgeben

Bitte versprech' es mir

Wiese des Lebens

Dem Leben mit Liebe begegnen
Es schätzen und ehren
Begreifen, vermehren
Es ausfüllen, erfüllen
Dem Leblosen einfüllen

Nein - einhauchen
In Welten eintauchen
Erschaffen, erfinden
Erfahrungen finden

Und lächelnd genießen

Auf der Wiese des Lebens
Sprießen seltsame Pflanzen

Deine Träuen erhohen
Du brauchst nicht mehr

Ich höre Dein Flehen
Deine Schreie sind stumm

Ich versuch Dich zu finden
Schrei Dir zu: „So komm!"

Du wirst wieder lachen
Schritt für Schritt

Du bleibst am Leben
Bring Dein Lächeln mit

Komm ins Leben

Farbig, farblos, faltig
Irgendwie gewaltig
Hoffnungsvoll

Voll von Hoffnung
Atmung, Nährung
Und ich sinke vor Verehrung
Auf die Knie

Voller Demut
Vor dem Wunder

Wundervolle Lebenswiese
Liebevolles Lebenswunder

Dem Leben mit Liebe begegnen

Gib nicht auf

Ich seh Deine Tränen
Spür die Leere in Dir

Ich erlebe Dein Quälen
Deine Suche nach Hier

Deine Blicke schweifen
Ins Gestern starrt

Du scheinst zu verzweifeln
An dem was geschah

Ich sehe Deinen Schmerz
Dein Herz ist schwer

Du bist wundervoll

Wenn Du Deinen Wert
Kennen würdest

Deine Schönheit
Erkennen könntest

Dein Lächeln spüren

Du würdest Dich
Jeden Tag
-
Immer wieder neu
In Dich selbst verlieben

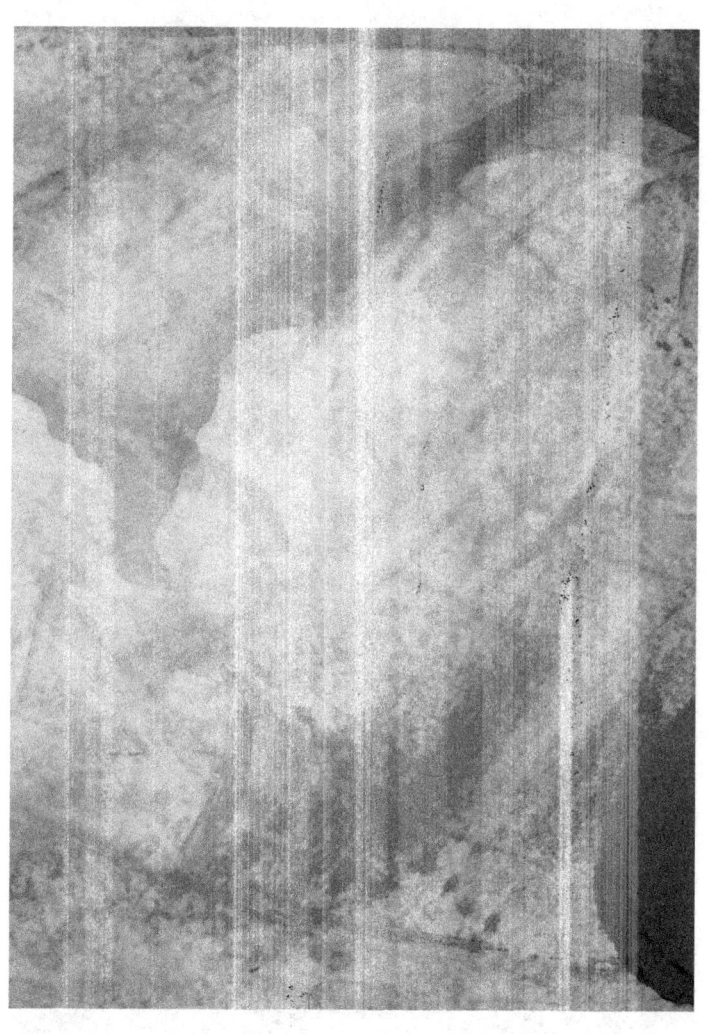

Nachtstern

Kannst her mein kleiner Stern
Wir wandern durch die Nacht

Der Tag ist uns noch fern
Er ist noch nicht erwacht

(Un)mögliche Begegnung

Wir sind uns erst begegnet
Als es nicht mehr möglich war

Nun bist Du längst gegangen
Und ich bin noch nicht da

Um uns zurück
ins Licht tragen zu lassen
Wird unser Herz erleuchtet uns an Liebe

Der Stoff aus dem wir bestehen
Wird in dem wir ewig sind

Mein Kind
Du bist ein Wunder

Flügelschlag

Nun sitze ich an Deinem Tisch
Und frage mich
Wer Du gewesen bist

Wer Du wohl warst
An diesem Tisch
Der nicht gegangen
Sondern ist

Woran Du dachtest
In der Stille

Wovon Du träumtest
Tag und Nacht

Wenn Du weinst
So später Deine Thränen
Euch nich davon

Aber nie weiter
Als in unsere sichere Bucht
In unsern Hafen
In Ruhe warten wir

Hier
Gemeinsam

Auf den nächsten Saurenstadt

Was Du wohl wünschtest
Was Dein Wille
Was Du ersehnt

Gehofft

Bedacht

Hier sitze ich
Ich träum' von Morgen

Doch auch von Gestern
Von dem was war

Ich spür' die Sehnsucht
Den Wunsch zu fliegen

Mein Kind

Mein Kind
Du bist ein Wunder

Du bist wunderwoll
Und
Einzigartig

Aus Deinen Augen strahlt die Liebe

Du bist Liebe - durch und durch

Wenn Du lachst
Ist der Raum erfüllt von Deinem
Lachen

Die Freiheit
Deine Hoffnung war

Hier warst Du frei
Mit all den Flügeln

Hier war Dein kleines Paradies

Kein Mensch
Der zwang Dich stets zu zügeln
Gedanken rein, hell und klar

Du darfst hier bleiben
Mit all den Wünschen

Du darfst hier wohnen
Endlich frei

Geborgen

Geboten, umhüllt – von Liebe erfüllt

Vertrauend, geborgen
In Ruh ohne Sorgen

Hier bin ich sicher
Hier bin ich frei

Zeit, Raum und Wirklichkeit
Unwichtig in dieser Zärtlichkeit

Niemand der uns trennen kann
Niemand der uns nehmen kann

Was uns vereint

Ich will versuchen
Dich zu ergänzen

Die Freiheit uns gemeinsam sei

Ich will Dich achten
Und still bewahren

Die Seele
Die Du hier hinterlässt

Du bleibst in Allem still bestehen

Du bleibst in Allem
Was war

Du bist

Vertraue Dir

Vertraue der Welt
Der Liebe, dem Leben

Alles wird gut
Immer

Und wenn es noch so düster ist

Du findest den Weg

Vervollkommnung

Hinter hohen Dornenhecken
Empfängst Du mich

Hier
Im Paradies des Friedens

Deine zarten Flügel
Legst Du zärtlich um mich

Wiegst mich
Zum Rauschen deiner Blätter

Hauchst mir Ruhe
Und Liebe ein
Öffnest sanft mein Herz

Wenn Du Deine Aufgaben
Als Aufgaben annimmst
Dann wirst Du sie lösen
Wird an ihnen wachsen

Wenn Du versuchst davon zu heuern
Wird Dir das Leben immer wieder
Ähnliche Aufgaben geben

Bis Du endlich bereit bist
Sie anzunehmen

Habe keine Angst

Vertraue

Beschützt und getragen
Werde ich Teil von Dir

Durchwandere die Ewigkeit
In einem einzigen Augenblick

Mit geschlossenen Augen
Sehe ich die Welt
In einer Fülle

Die sich noch nie so offenbarte

-

Vollständig
Fließend
Vollkommen

Niemals in Deinem Leben
Wird eine Situation auftauchen
Der Du hilflos ausgeliefert bist
Die Du nicht lösen könntest

Verzage nicht mein Kind

Kämpfe

Kämpfe für Dein Leben

Dein Glück
Deine Freiheit
Deine Liebe
Deine Freude
Deine Familie
Deine Träume

Und ich nehme sie auf
In mir

Werde Teil von ihr
Und begreife

Selbst Teil eines Wunders zu sein

Geliebtes Kind

Du Wunder meines Herzens

Du Engel
Mein Glück

Ich liebe Dich
Von ganzem Herzen

Im Leben
Werden Dir Situationen begegnen
Die Dich erschrecken und ängstigen
Dir einfach alles abverlangen

Aber eines verspreche ich Dir

Unsere Zeit

Ich komme zu Dir

Um bei Dir zu sein
Und zu mir zu kommen

Wenn wir einen Moment
Die Zeit vergessen

Dann sind wir gemeinsam
An diesem Ort

Wir blicken gemeinsam
In meine Vergangenheit
Die Deine Gegenwart noch ist

Lächelnde Augen

Lächelnde Augen
Öffnen Türen und Welten
Die Türchen verschlossen bleiben

Mal sind sie Schlüssel
Mal Vermittler

Und manches Mal
Vermögen sie zu zaubern

Und in Deine Zukunft
In der ich lebe

Wir einigen uns darauf
Dass im Grunde alles ist

Auch wenn es längst vergangen
Oder noch nicht erreicht

Denn wie **sind**
Zu jeder Zeit

Ob nun Vergangenheit, Gegenwart
Oder - Zukunft

Bestimmt einzig allein die Perspektive

Frühlingsversprechen

Im Schneeschein
Sonnenlichtenneet

Da stehen sie
Und singen

Der Glöckchen
Zarter Stimmenklang

Wird uns
Der Frühling bringen

So kann ich mit Gewissheit sagen

Vergänglichkeit ist eine Illusion

Die wir uns selbst
Mit dem Konstrukt „Zeit" geschaffen

Und uns selbst damit begrenzt

Auf eine Zeit
Die nur unsere eigene

Nicht aber

Unsere gemeinsame ist

Ein Licht
—
Welch leuchtet königlich

Füllt Herzen
Und versteckt sich nicht

Gibt Antwort
Und es trägt auch Dich

Mit Liebe
Wärme, Zuversicht

Hält er Dich
Schützend

Ewiglich

Gemeinsame Bilder

Manchmal zeigen uns
Gemeinsame Bilder der Erinnerung
Wie verwoben doch alles ist

Ein Licht

Einst lag ein Kind im Stalle
Ein Himmel stand ein Stern
Geboren für uns alle
Uns Menschen
-
Nah und fern
-
Ein Licht
-
Der Mensch fürsorglich

Illusion

Ihre Blütenpracht
Erstrahlt im Licht

Selbstverständlich
Ahnt sie nicht

Dass sie allein
Ein Traum nur ist

Ein Traum
Der war

Und wenn er geht

*Deine Hände berühren
Deine Nähe spüren*

Ach könnte ich doch

Einfach nur nach Ohne sehen

Zerfällt

–

Verwelkend
Zart
Vergeht

Füllt schreiend Leere
Diesen Raum

Die Illusion

–

Ein leerer Traum

Verlorener Moment

Ich könnte ich doch

Die Zeit zurückdrehen
Dieses einzige Mal

Der Moment zurückgewinnen
Und die Zeit leicht dehnen

Ich könnte ich doch

Noch ein einziges Mal

In Deine Augen sehen
Deinen Herzschlag hören

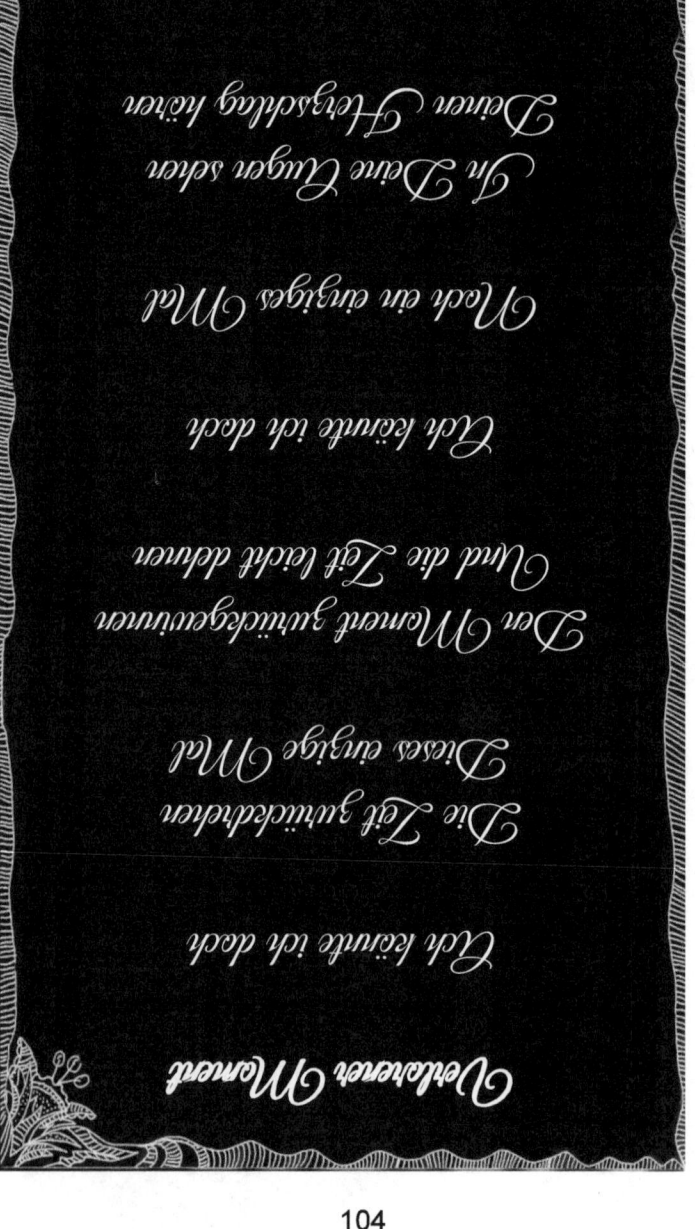

# Messel Zeit

Still
Friedlich
In wiegender Bewegung
Schweben sie hinab

Der Zukunft entgegen

Schicht für Schicht
Werden sie zugedeckt

Geborgen
Schlafen sie

Um endlich
Wieder aufgedeckt zu werden

Schenke ihnen Trudeln
Und Sternenschein

Auf Erden werde ich
Mit meinen Leid
Zuviel gefangen sein müssen

–

Über im Himmel
Der Hoffnung

Bin ich nie wieder allein

Schicht für Schicht

Behütet
Und wie ein Schatz empfangen
In unserer Zeit

In einer Zeit
In der keine Zeit ist zu schlafen

Nach vielen millionen Jahren
In eine hektische Welt geworfen

Eine Welt
Die ständig nach Veränderung
Und Fortschritt schreit

Doch wo ist dieser Fortschritt

Nur Du
Kennst der Liebe ihre Macht

Doch wer mich
Kann mich daraus befreien?
Aus dieser ewigen Qual?

Muss ich es
Still ertragen

Der Schnsucht
Ihr unendliches Tat?

Meine Tränen
Wollen Dir
Neue Steine werden

Wann leben wir

Wenn wir immer nur dabei sind

Zu verändern

-

Alles zu optimieren

Immer dabei sind

Auf etwas hinzuarbeiten
Das uns dann doch wieder nicht reicht

Und irgendwann fallen wir um

Keine Zeit langsam zu sinken
Keine Zeit zum Zudecken

Heiliglich Maid am Himmel
Nur Du
Kannst mein Leiden verstehen

Nur Du
Kennst den Grund meiner Qualen
Die endlos sind
Und nicht vergehen

Nur Du
Siehst meine Augen leuchten
In der Finsternis
Deiner Nacht

Nur Du
Verstehst was ich meine

Und all das
Ohne jemals richtig gelebt zu haben

Wer weckt uns auf
Jetzt und in Zukunft

Was bleibt von uns

Herbstsüßer Mond

In der dunklen Stille
Leuchtet der Mond golden heiß

Ruhig und friedlich steht er da
Und erinnert daran
Was hätzlich einst gewesen war

Er erinnert an goldene Momente
Voll Zärtlichkeit
Golden und wahr

In denen die Liebe
Der Moment noch bezichte
Und alles Andere unwichtig war

Sie haben den Moment gelöscht

Sie haben den Moment gelöscht
Als sie die Zukunft schrieben

Sie haben auch sich selbst gelöscht
In ratternden Betrieben

Sie wollten doch die Zukunft sein
Sie wollten niemals stehen

Nun stehen sie im Abstellraum
Und dürfen ganz bald gehen

Sie wollten Teil des Netzes sein
Sie wollten uns nicht glauben

Deine Kraft ist still am schwinden
Doch Dein Wille hält stark stand

So legt der Schatten
Deines Kampfes

Sich schützend
Auf Dein warmes Herz

Beulicht die Risse Deiner Seele

Und lindert
Durch sich selbst
Den Schmerz

Nun sehen sie von draußen rein
Und lassen sich berauben

Maschinen schenken uns die Zeit
Wir könnten endlich leben

Doch hastig rennen wir erneut
Der Zukunft schnell entgegen

Sie haben den Moment gelöscht
Als wir noch friedlich schliefen

Sie wollten endlich Sieger sein
Als sie sich so verliefen

Maschinen haben nun geträumt
Uns Menschen zu erschießen

Zerrissen

Zerrissen stehst Du da
Dein Kopf scheint schwer
Die Last zu groß

Deine Augen starren leer

Wer hat Dir nur
Den Glanz genommen?

Der Stolz
Die Würde
Menschlichkeit?

„Bis hier, nicht weiter!"
Zeigst Du an

Sie wollen endlich frei doch sein
Das Leben voll genießen

Wie frei

Wirklich
Ich
Bin
Frei
Wie
Denken
Rückwärts
Nicht
Kann
Ich

Spiegel

Unsere Wahrnehmung der Welt
Nicht mehr als ein Spiegel

Nicht mehr als das Innerste
Unseres Selbst

Die Zifer verschwimmen

Verstaunte Träume
Schläfer verzällt

Und träumen
Von Morgen

Stern der Ewigkeit

Kleine Augen
Tränen-schwer

Kein Recht
Auf Leben
Zukunft mehr

Keine Augen
Sahen mehr

Was hier geschah
Zu düster

Schwer

Verstummte Träume

Ingendwo
Zwischen dem
Was wir erlebt haben
Und dem
Wer wir sind

Liegen
Zerknitterte Seiten

Entlarvte Geschichten

Gestilltes Staub

Der Duft ist verflogen
Die Worte verbleicht

Sie haben Dir
Den Glanz genommen

Dein Recht
Auf Würde
Menschlichkeit

Du bist der Zeit davon geschwommen

Doch bleibst

Als Stern
Der Ewigkeit

Und gibst
—
In Deine Zeit

Einen anderen Teil der Ewigkeit

Dann werde auch ich loslassen
Und flüstern: "Ich bin bereit!"

Denn Alles, ja Alles
—
Hat seine Zeit

Verlorene Heimat

Ein stiller Schrei
Erfroren im Schnee

Brennende Heimat
Erkalteter See

Verlassen
Verloren
Vertrieben

Die Heimat verloren
Die Last zu schwer

Eine Erinnerung die bleibt
Ein Versprechen – zu groß für die
Ewigkeit

Ich lechze zurück

Dein Kopf auf meinem Schoß
Meine Füße im Sand

Das Meer verlassen
Du trägst am Strand

Ich hatte Dich
In dieser Zeit
Bis Du sagst
Du bist so weit

Sie können kaum atmen
Ihre Augen sind leer

Kein Halt
Kein Anker
Kein Ufer

Umher irrend
In endloser Weite

Und doch
Liegt Zukunft
In ihren Herzen

Schrie aufs offene Meer
Wo ist die Gerechtigkeit?
Wer hat es entschieden, wer?

Millionen Sandkörner
Und ich versinke im Sand

Meine Hand schwimmt hindurch
Sucht Deine Hand

Du bist gegangen
Der Strand ist leer

Deine Zeit ist gekommen
Es schmerzt so sehr

Mama – wir sehen uns wieder

Tun mir meine Füße
Auch noch so weh

Ich folge
Voll Hoffnung

Deinen Spuren
Im Schnee

Deine Zeit

Dein Kopf auf meinem Schoß
Meine Küsse im Sand

Aufschlagende Wellen
„Halt meine Hand!"

„Ich halte Dich
Bleibe immer bei Dir!"

Du schließt Deine Augen
Entschwindest mir

Und ich schrie

Deine Zeit

Dein Kopf auf meinem Schoß
Meine Knie im Sand

Aufschlagende Wellen
„Halt meine Hand!"

„Ich halte Dich
Bleibe immer bei Dir!"

Du schließt Deine Augen
Entschwindest mir

Und ich schreie

Mama – wir sehen uns wieder!

Tut mir meine Füße
Euch noch so weh

Ich folge
Voll Hoffnung

Deinen Spuren
Im Schnee

Schreie aufs offene Meer

Wo ist die Gerechtigkeit?
Wer hat es entschieden, wer?

Millionen Sandkörner
Und ich versinke im Sand

Meine Hand schwimmt hindurch
Sucht Deine Hand

Du bist gegangen
Der Strand ist leer

Deine Zeit ist gekommen
Es schmerzt so sehr

Sie können kaum ahnen
Ihre Augen sind leer

Kein Halt
Kein Ruder
Kein Uſer

Umher irrend
In endloser Weite

Und doch
liegt Zukunft
In ihren Herzen

Eine Erinnerung die bleibt
Ein Versprechen – zu groß für die
Ewigkeit

Ich kehre zurück

Dein Kopf auf meinem Schoß
Meine Knie im Sand

Das Meer verlassen
Du liegst am Strand

Ich halte Dich
In dieser Zeit
Bis Du sagst
Du bist so weit

Verlorene Heimat

Ein stiller Schritt
Entlehrer im Schnee

Brennende Heimat
Erkaltater See

Verlassen
Verlehren
Vertrieben

Die Heimat verlehren
Die Last zu schwer

Und gehst

–

In Deine Zeit

Einen anderen Teil der Ewigkeit

Dann werde auch ich loslassen
Und flüstern: „Ich bin bereit!"

Denn Alles, ja Alles

–

Hat seine Zeit

Sie haben Dir
Der Glanz genommen

Dein Recht
Auf Würde
Menschlichkeit

Du bist der Zeit davon geschwommen

Doch bleibst

Als Stein
Der Ewigkeit

Verstummte Träume

Irgendwo
Zwischen dem
Was wir erlebt haben
Und dem
Wer wir sind

Liegen
Zerknüllte Seiten

Entsorgte Geschichten

Gestaltloser Staub

Der Duft ist verflogen
Die Worte verrutscht

Stern der Einigkeit

Kleine Augen
Träumen-schwer

Kein Recht
Auf Leben
Zukunft mehr

Kleine Augen
Sehen nicht

Was hier geschah
Zu düster

Schwer

Die Zeilen verschwommen

Verstummte Träume
Schlafen vergilbt

Und träumen
Von Morgen

Spiegel

Unsere Widerspiegelung der Welt
Nicht mehr als ein Spiegel

Nicht mehr als das Tiefste
Unseres Selbst

Wie frei

Wirklich
Ich
Bin
Frei
Wie
Denken
Rückwärts
Nicht
Kann
Ich

Sie wollen endlich frei doch sein
Das Leben voll genießen

Zerrissen

Zerrissen stehst Du da
Dein Kopf scheint schwer
Die Last zu groß

Deine Augen starren leer

Wer hat Dir nur
Den Glanz genommen?

Den Stolz
Die Würde
Menschlichkeit?

„Bis hier, nicht weiter!"
Zeigst Du an

Nun sehen sie von draußen hin
Und lassen sich berauben

Maschinen schreiben uns die Zeit
Wir können endlich leben

Doch hastig rennen wir erneut
Der Zukunft schnell entgegen

Sie haben den Moment gelöscht
Als wir noch friedlich schliefen

Sie wollten endlich Sieger sein
Als sie sich so verliefen

Maschinen haben nur getäuscht
Uns Menschen zu erschüfsen

Deine Kraft ist still am schwinden
Doch Dein Wille hält starr stand

So legt der Schatten
Deines Kampfes

Sich schützend
Auf Dein warmes Herz

Berührt die Risse Deiner Seele

Und lindert
Durch sich selbst
Den Schmerz

Sie haben den Moment gelöscht

Sie haben den Moment gelöscht
Als sie die Zukunft schrieben

Sie haben auch sich selbst gelöscht
In hätterider Betrieben

Sie wollten doch die Zukunft sein
Sie wollten niemals stehen

Nur stehen sie im Ausstellraum
Wird düster ganz bald gehen

Sie wollten Tat des Mdgas sein
Sie wollten uns nicht glauben

Honigsüßer Mond

In der dunklen Stille
Leuchtet der Mond golden rot

Rund und friedlich steht er da
Und erinnert daran
Was kürzlich erst gewesen war

Er erinnert an goldene Momente
Voll Zärtlichkeit
Golden und wahr

In denen die Liebe
Den Moment noch regierte
Und alles Andere unwichtig war

Und all das
Ohne jemals richtig gelebt zu haben

Wer weckt uns auf
Jetzt und in Zukunft

Was bleibt von uns

Honigsüßer Mond am Himmel
Nur Du
Kannst mein Leiden verstehen

Nur Du
Kennst den Grund meiner Qualen
Die endlos sind
Und nicht vergehen

Nur Du
Sahst meine Augen leuchten
In der Finsternis
Deiner Nacht

Nur Du
Verstehst was ich meine

Wann leben wir

Wenn wir immer nur dabei sind

Zu verändern
-
Alles zu optimieren

Immer dabei sind

Auf etwas hinzuarbeiten
Das uns dann doch wieder nicht reicht

Wird irgendwann fallen wir um

Keine Zeit langsam zu sinken
Keine Zeit zum Zudecken

Nur Du
Kennst der Liebe ihre Macht

Doch wer nur
Kann mich daraus befreien?
Aus dieser ewigen Qual?

Muss ich es
Still ertragen

Der Sehnsucht
Ihr unendliches Tal?

Meine Tränen
Wollen Dir
Neue Sterne werden

Schicht für Schicht

Belebt
Und wie ein Schutz empfangen
In unserer Zeit

In einer Zeit
In der keine Zeit ist zu schlafen

Nach vielen millionen Jahren
In eine hektische Welt gewachsen

Eine Welt
Die ständig nach Veränderung
Und Fortschritt schreit

Doch wo ist dieser Fortschritt

Schenke ihnen Funkeln
Und Sternenschein

Auf Erden werde ich
Mit meinem Leid
Zwar gefangen sein müssen

-

Aber im Himmel
Der Hoffnung

Bin ich nie wieder allein

Messed Zeit

Still
Friedlich
In wiegender Bewegung
Schweben sie hinab
Der Zukunft entgegen

Schicht für Schicht
Werden sie zugedeckt

Gebeugen
Schlafen sie

Um endlich
Wieder aufgedeckt zu werden

Verlorener Moment

Ach könnte ich doch

Die Zeit zurückdrehen
Dieses einzige Mal

Den Moment zurückgewinnen
Und die Zeit leicht dehnen

Ach könnte ich doch

Noch ein einziges Mal

In Deine Augen sehen
Deinen Herzschlag hören

Zufällt
–
Verwischend Zeit
Vergeht

Füllt schleiend Leere
Diesen Raum

Die Illusion
–
Ein leerer Traum

Deine Hände berühren
Deine Nähe spüren

Ach könnte ich doch

Einfach nur nach Vorne sehen

Illusion

*Ihre Blütenpracht
Erstrahlt im Licht*

*Selbstverständlich
Wirkt sie nicht*

*Dass sie allein
Ein Traum ist*

*Ein Traum
Der war*

Und wenn es geht

Ein Licht

Einst lag ein Kind im Stalle

Am Himmel stand ein Stern

Geboren für uns alle

Uns Menschen

-

Nah und fern

Ein Licht

-

Den Menschen fürsorglich

Genrisame Bilder

Manchmal zeigen uns
Genrisame Bilder der Erinnerung
Wie verwoben doch alles ist

Ein Licht
-
Welch leuchtet königlich

Füllt Herzen
Und versteckt sich nicht

Gibt Antwort
Und er trägt auch Dich

Mit Liebe
Wärme, Zuversicht

Hält er Dich
Schützend

Ewiglich

So kann ich mit Gewissheit sagen

Vergänglichkeit ist eine Illusion

Die ich uns selbst
Mit dem Kunstwort „Zeit" geschaffen
Wird uns selbst damit begierzt

Auf eine Zeit
Die nur unsere eigene

Nicht aber

Unsere gemeinsame ist

Frühlingsversprechen

Im Schneeschein
Sonnenlichtermeer

Da stehen sie
Und singen

Der Glöckchen
Zarter Stimmenklang

Wird uns
Den Frühling bringen

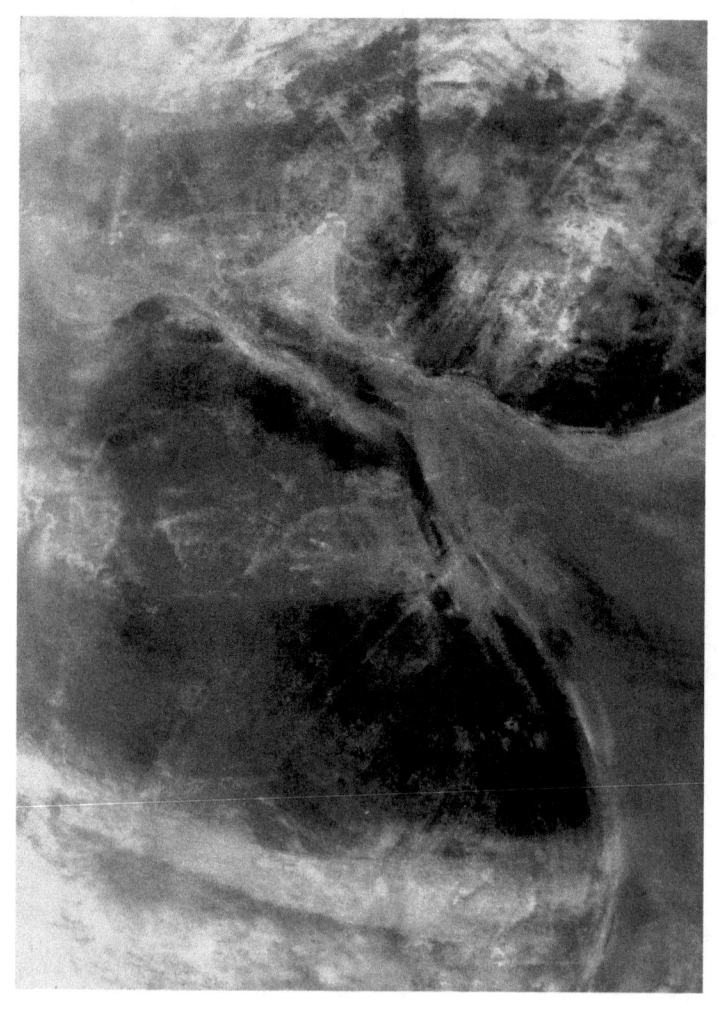

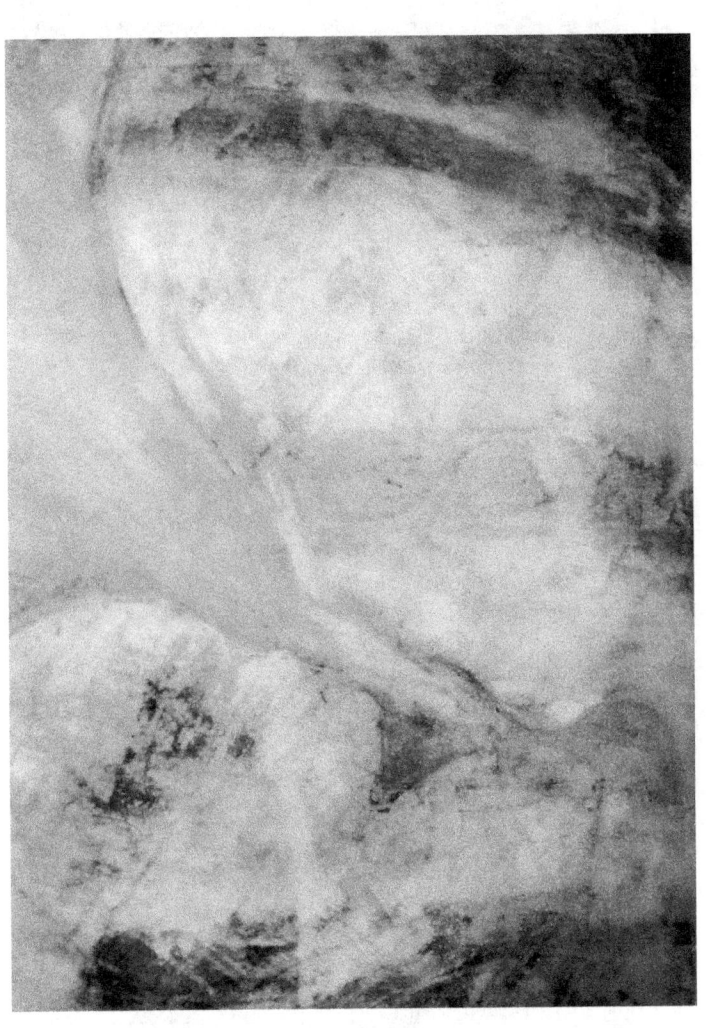

Und in Deine Zukunft
In der ich lebe

Wir einigen uns darauf
Dass im Grunde alles ist

Auch wenn es längst vergangen
Oder noch nicht eintrifft

Denn wie sind
Zu jeder Zeit

Ob nun Vergangenheit, Gegenwart
Oder - Zukunft

Bestimmt einzig allein die Perspektive

Lächelnde Augen

Lächelnde Augen
Öffnen Türen und Welten
Die Anderen verschlossen bleiben

Mal sind sie Schlüssel
Mal Vermittler

Und manches Mal
Vermögen sie zu zaubern

Unsere Zeit

Ich komme zu Dir

Um bei Dir zu sein
Und zu mir zu kommen

Wenn wir einen Moment
Die Zeit vergessen

Dann sind wir gemeinsam
An diesem Ort

Wir blühen gemeinsam
In meine Vergangenheit
Die Deine Gegenwart noch ist

Geliebtes Kind

Du Wunder meines Herzens

Du Engel
Mein Glück

Ich liebe Dich
Von ganzem Herzen

Im Leben
Werden Dir Situationen begegnen
Die Dich erschrecken und ängstigen
Dir einfach alles abverlangen

Aber eines verspreche ich Dir

Und ich nehme sie auf
In mich

Werde Teil von ihr
Und begreife

Selbst Teil eines Wunders zu sein

Niemals in Deinem Leben
Wird eine Situation auftauchen
Der Du hilflos ausgeliefert bist
Die Du nicht lösen könntest

Verzage nicht mein Kind

Kämpfe

Kämpfe für Dein Leben

Dein Glück
Deine Freiheit
Deine Liebe
Deine Freunde
Deine Familie
Deine Träume

Beschützt und getragen
Werde ich Teil von Dir

Durchwandere die Einigkeit
In einem einzigen Augenblick

Mit geschlossenen Augen
Sehe ich die Welt
In einer Fülle

Die sich noch nie so offenbarte

—

Vollständig
Tausend
Vollkommen

Wenn Du Deine Aufgaben
Als Aufgaben annimmst
Dann wirst Du sie lösen
Und an ihnen wachsen

Wenn Du versuchst davon zu rennen
Wird Dir das Leben immer wieder
Ähnliche Aufgaben geben

Bis Du endlich bereit bist
Sie anzunehmen

Habe keine Angst

Vertraue

Vervollkommnung

Hinter hohen Dornenhecken
Empfängst Du mich

Hier
Im Paradies des Friedens

Deine zarten Flügel
Legst Du zärtlich um mich

Wiegst mich
Zum Rauschen deiner Blätter

Hauchst mir Ruhe
Und Liebe ein
Öffnest sanft mein Herz

Vertraue Dir

Vertraue der Welt
Der Liebe, dem Leben

Alles wird gut
Immer

Und wenn es noch so dunkel ist

Du findest den Weg

Ich will versuchen
Dich zu erinnern

Die Freiheit uns genreinsam sei

Ich will Dich achten
Und still bewahren

Die Seele
Die Du hier hinterlässt

Du bleibst in Ellern still bestehen

Du bleibst in Ellern
Was war

Du bist

Geborgen

Gehalten, umhüllt – von Liebe erfüllt

Vertrauend, geborgen
Im Arm ohne Sorgen

Hier bin ich sicher
Hier bin ich frei

Zeit, Raum und Wirklichkeit
Unwichtig in dieser Zärtlichkeit

Niemand der uns trennen kann
Niemand der uns nehmen kann

Was uns vereint

Die Freiheit
Deine Hoffnung war

Hier warst Du frei
Mit all den Flügeln

Hier war Dein kleines Paradies

Kein Mensch
Der zwang Dich stets zu zügeln
Gedanken rein, hell und klar

Du durfst hier bleiben
Mit all den Wünschen

Du durfst hier weinen
Endlich frei

Mein Kind

Mein Kind
Du bist ein Wunder

Du bist wundervoll
Und
Einzigartig

Aus Deinen Augen strahlt die Liebe

Du bist Liebe - durch und durch

Wenn Du lachst
Ist der Raum erfüllt von Deinem
Lachen

Was Du nicht wünschest
Was Dein Wille
Was Du erduldet

Gehofft

Bedacht

Hier sitze ich
Ich träum' von Morgen

Doch auch von Gestern
Von dem was war

Ich spür' die Sehnsucht
Den Wunsch zu fliegen

Wenn Du weinst

So spülen Deine Tränen
Auch mich davon

Aber nie weiter
Als in unsere sichere Bucht

In unseren Hafen

In Ruhe warten wir

Hier
Gemeinsam

Auf den nächsten Sonnenstrahl

Flugblatt

Nun sitze ich an Deinem Tisch
Und frage mich
Wer Du gewesen bist

Wer Du wohl warst
An diesem Tisch
Der nicht gezwungen
Sondern ist

Woran Du dachtest
In der Stille

Wovon Du träumtest
Tag und Nacht

Um uns zurück
Ins Licht tragen zu lassen

Und unser Herz erinnert uns an Liebe

Den Stoff aus dem wir bestehen

Und in dem wir ewig sind

Mein Kind

Du bist ein Wunder

Eine mögliche Begegnung

Wir sind uns erst begegnet
Als es nicht mehr möglich war

Nur bist Du längst gegangen
Und ich bin noch nicht da

Nachtstern

Komm her mein kleiner Stern
Wir wandern durch die Nacht

Der Tag ist uns noch fern
Er ist noch nicht erwacht

Du bist wundervoll

Wenn Du Deinen Wert
Kennen würdest

Deine Schönheit
Erkennen könntest

Dein Lächeln spüren

Du würdest Dich
Jeden Tag

—

Immer wieder neu
In Dich selbst verlieben

Gib nicht auf

Ich seh' Deine Tränen
Spür' die Leere in Dir

Ich erlebe Dein Quälen
Deine Suche nach Hier

Deine Blicke schweifen
Ins Gestern starr

Du scheinst zu verzweifeln
An dem was geschah

Ich sehe Deinen Schmerz
Dein Herz ist schwer

Farbig, farblos, fettig
Ingendwie gewellig
Hoffnungsvoll

Voll von Hoffnung
Ahnung, Nichtung
Und ich sinke vor Verehrung
Auf die Knie

Voller Demut
Vor dem Wunder

Wundervolle Lebenswiese
Liebevolles Lebenswunder

Den Leben mit Liebe begegnen

Deine Tränen erfroren
Du kannst nicht mehr

Ich höre Dein Flehen
Deine Schreie sind stumm

Ich versuch Dich zu finden
Schreie Dir zu: „So komm!"

Du wirst wieder lachen
Schritt für Schritt

Du bleibst am Leben
Bring Dein Lächeln mit

Komm ins Leben

Wiese des Lebens

Dem Leben mit Liebe begegnen
Es schätzen und ihren
Beziehen, vermehren
Es ausfüllen, erfüllen
Den Lebensweg einhalten

Neu - einzutauchen
In Welten eintauchen
Erschaffen, erfinden
Erfahrungen finden

Und Lächeln zu genießen

Auf der Wiese des Lebens
Spriessen seltsame Pflanzen

Lass all' die Dunkelheit
Hinter Dir

Du darfst nie aufgeben

Bitte versprech' es mir

Tat meiner Selbst
Tat meines Tauxes
Tat und nicht Tauxes

Und

Sie schweigt

Schließe die Augen

„Wir müssen von Zeit zu Zeit
eine Rast einlegen und warten
bis unsere Seelen
uns wieder eingeholt haben."
(Indianische Weisheit)

Wenn Du Dich selbst
Verloren hast
Dann bleib einfach stehen

Schließe die Augen
Lass alles geschehen

So manches Mal
Schmeckt sie lieblich
Ja gar verführerisch

Und so lege ich mich
In ihre zarten Arme
Und lasse sie gewähren

Ihr vernichtendes Spiel
Mit mir
Meinem Leben und Sein

In dieser Finsternis der Leichtigkeit
Lass ich sie erleben

Was es heißt Tot zu sein

Du darfst nun ruhen
Ohne Pläne zu machen

Es gibt nichts zu tun
Außer zu träumen und lachen

Und Irgendwann
Bist Du wieder da
Dein Lächeln ist ehrlich
Dein Lachen wahr

Nun ist es an der Zeit
Wieder weiterzugehen

Und falls Du es brauchst
Bleib kurz nochmal stehen

Und – besonders
Besonders in ihrer Gestalt
Trotz ihrer Gewalt
Trotz ihrer Macht
Sie immer wacht

Über der Wahrheit zarten Klang

Vernichtet
Verlagen
Verlieren
Verstoßen

Und doch sage ich Dir

Seelenschmetterling

Die Leichtigkeit des Daseins spüren
Liebevoll die Welt berühren

Den Zauber des Moments begreifen
Beschwerendes hinunterstreifen

Das Leben und die Liebe spüren
Die Sonne und das Licht berühren

Das Herz befreien – Leben greifen
Gedanken durch den Himmel schweifen

Einverleibt
Verwundet
Verhext

Zum Nächsten jetscht

Zerstört
Zerstückelt
Zerlegt

Unterjagen schweigt

Die Wahrheit rief
Verbogen – Zu Neuem erhoben

Und doch ingeniöse gelungen
In ihrem Wesen selbst

Verliere niemals

Die Verbindung Zu Deinem Herzen

Ich kann sie

In Deinen

Augen

Sehen

Als ihr Cigar
Ihr Bart
Ihr Genuss

Und in allem bleibt
Ein zarter Nebel

Der nicht steigt
Sondern sich legt

Verschleiert
Verwickelt
Vertieft

Und unter ihm
Eine unbequeme Wahrheit

Heimat

In Deine Arme
Lege ich mich nieder
Und schließe meine Augen zu

An Deinem Herzen
Fühle ich mich wieder
Höre dort den Wellen zu

In ihrem Flüstern
Finde ich meine Lieder

-

Meine Heimat die bist Du

Sehnsucht

Sehnsucht heißt
Sie sieht und geht
Sie flieht und schreit

Sie faltet und nimmt
Sie blüht und gedeiht

Sie tötet und heilt
Nach allem was schweigt
Was hindert und neigt

Wird sie erkennt
Dass nichts mehr bleibt
Wenn sie sich nimmt
Was ihr entscheint

Flügel der Nacht

Wenn die Nacht Dich zart berührt

Dann solltest Du
Deine Augen schließen

Und Dich mitnehmen lassen

Sie wird ihre zarten Flügel
Um Dich legen

Dich halten
Wärmen
Und mitnehmen
–
In eine andere Welt

Ich möchte Dich belehren

Ich möchte Dich heute so belehren

Dass Du mich **magen**
Noch später kannst

Und mich **übernagen**
Nicht vermisst

Sondern in Deinen **Augen** findest

Liebe Elise,

Kannst Du Dich noch erinnern?

An die Nähe
Und die Tiefe
Der Empfindungen?

Liebe Elise,
Kannst Du Dich noch erinnern?

An die Wärme
Und das Gefühl
Der Vollkommenheit?

Du fängst mich ein
Trägst mich hinauf

Und lässt alles sein
So wie es ist

Voller Zuversicht

Still verbunden

Im Ozean
Der ewig aufgehenden Sonne

Oh liebe Elise,
Kannst Du Dich noch erinnern?

An das Glück
Die Hoffnung
Und das Vertrauen?

Liebe Elise,
Kannst Du Dich noch erinnern?

An die Stunden
In völliger Glückseligkeit?

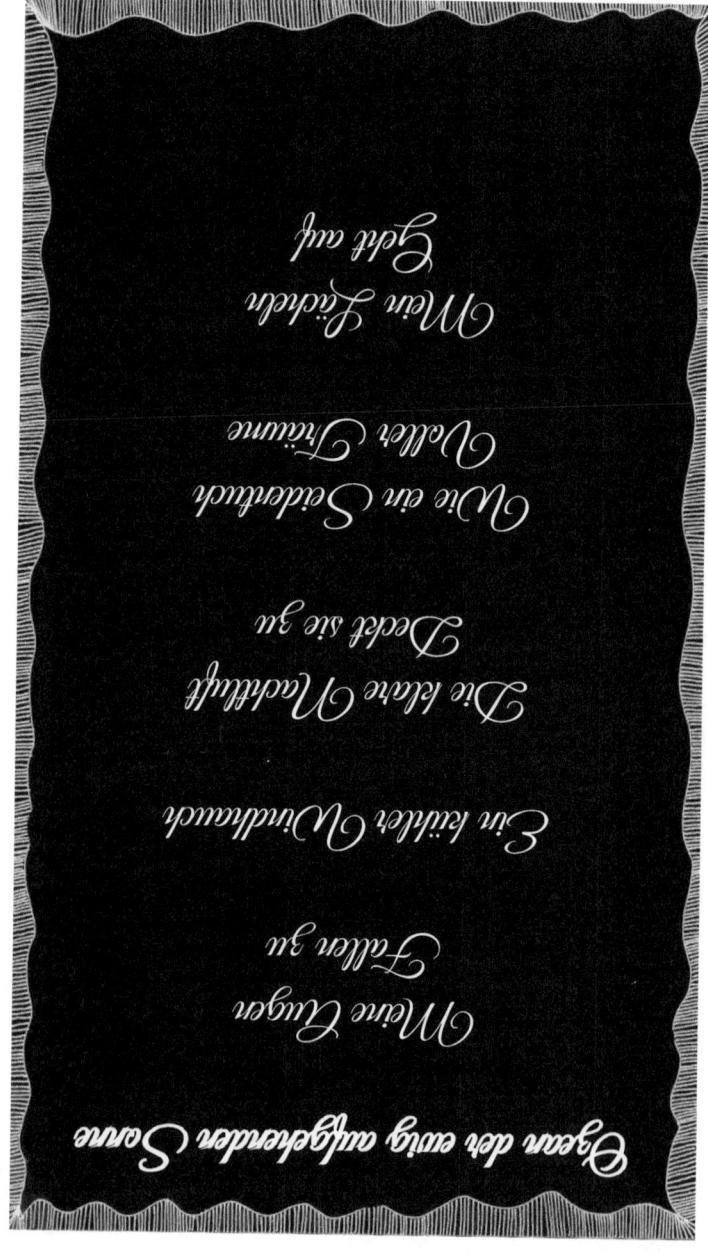

Oper der ewig aufgehender Sonne

Meine Augen
Fallen zu

Ein leichter Windhauch

Die kleine Nachtluft
Deckt sie zu

Wie ein Seidentuch
Voller Träume

Mein Lächeln
Geht auf

Oh ich denke daran
Zu jeder Zeit

Ich denk an Dich
An diesen Traum!
Ja, zu jeder Zeit

Liebe Elise,
Kannst Du Dich noch erinnern?

An unser Lachen
Die Sterne
Und den Mond?

Ich war frei

Frei in dieser unendlichen Weite
Des hell leuchtenden Meeres

Welches in seiner Weite
Meine Seele erbaute

Und sich schweigend
-
fügend

Mit ihr verband

Frei und geborgen.

Liebe Elise,

Kannst Du Dich noch erinnern?

An unsere Geschichten

Phantasien

und

Träume?

Ich denk daran

Zu jeder Zeit

Ich denk an Dich

An diesen Traum!

Ja, zu jeder Zeit...

Sie legte kleine Seeuresteine
Ins Wasser

Und verwandelte

Kraftvoll
Jagende
Wellen

In aufsteigend
Tuschelnde Perlen

Da legte ich mein Lächeln
In die Tiefen des Meeres

Und das Meer nahm es mit

Liebe Elise,

Kannst Du Dich noch erinnern?

An die Musik

Die Berührungen

Und Begegnungen?

Liebe Elise,

Kannst Du Dich noch erinnern?

An das Gefühl der Unendlichkeit

Großartigkeit

Und

Unverwundbarkeit?

Frei und geborgen

Da saß ich nur
Auf diesen Felsen

Ich sah hinaus aufs weite Meer

Grenzenlos
Unendlich
Weit und frei

Frei - doch geborgen

Sanne berührte meine Haut
Sie schmiegte sich an mich
Streichelte und hielt mich

Ich kann kaum glauben
Dieses Glück erlebt zu haben
Dieses Wunder

Diese Einzigartigkeit der Intensität-
Es war mehr als Alles
Was ich hätte mir erträumen können
Mehr als Alles
was mir möglich erschien:

Wir begehrten, verehrten, berührten,
verführten, tanzten, lachten, weinten, schrien.
Wir drehten, flehten, spürten, führten,
sangen, sprangen, schwebten, bebten und....

Vergib der Zeit

-

Halt Dich nicht fest

Vergib auf Deine Weise

Doch

Küsst der junge Frühling Dich

Dann mach Dich auf die Reise

Sahen uns tief in die Augen!

Liebe Elise,
Kannst Du Dich noch erinnern?
An die Sehnsucht
Verzweiflung und Hoffnungslosigkeit?

Liebe Elise,
Kannst Du Dich noch erinnern?
An den Schmerz
Die Tränen
Und
Das Leid?

Da kam der Frühling
Küsst' mich wach

Ich wollt es erst nicht glauben

Es brauchte nur der Sonne Kraft
Die Stärke mir zu rauben

Da war ich wieder – blühte auf

Die Träuen sangen leise:

Nie still steht unser Jahreslauf
Und bist Du noch so leise

Ich denk daran
Zu jeder Zeit
Ich denk an Dich - an diese Qual!
Ja... zu jeder Zeit!

Liebe Elise,
Kannst Du Dich noch erinnern?
An den Abschied, die Gewissheit, das Ende?

Liebe Elise, kannst Du Dich noch erinnern?
An das Nichts
Die Leere, die Dunkelheit?

Die Träume tanzen still hinab
Entblättern all' mein Leiden

Der Winter
Würd' mein Tod nur sein
Das heisst' ich still ertauern

So schluss ich alle Trauer ein
Die Zeit kennt kein Erbarmen

Die Stille atmen und vergehen
Das war mein letzter Wille

Im Sommer
Würd' ich wieder blühen
Das wusst' ich, in der Stille

Es schmerzt, drückt, geißelt
Und lässt mich verzweifeln
Ich zerspringe innerlich
In tausend Teile
Ich will ohne dieses Glück
Verdammt in der ewigen Finsternis
Nicht leben müssen!

Was soll ich tun?
Es ist vorbei…
Unsere Wege trennen sich….
Für immer!
Alles was mir nun noch bleibt ist die
Erinnerung

Mach Dich auf die Reise

Als der Herbst mich zwang
Zur Ruh' zu gehn

Da ließ ich meine Blätter fallen

Traurig schwebten sie hinab
Es nicht' mit nicht gefallen

Schlafloses stand ich Rest nur die
Kind' selbst mich nicht bekleiden

Eine wundervolle Erinnerung

Meine Gedanken tanzen
Erleben und schweben
Zurück zu unseren Anfängen:

Liebe Elise,
Kannst Du Dich noch erinnern?

An die Freiheit
Unbeschwertheit
Lebendigkeit?

Tief berührt

Klang- und liebevoll
Verklärten

So tief berührt

Den Zauber längst verhallten

Liebe Elise,

Kannst Du Dich noch erinnern?

An die Zärtlichkeit, das Kitzeln und Kichern?

Es war so schön

Es war ein Glück

Es war unsere Zeit!

In Gedanken bleibt sie ewig bestehen

Dein treuer Ludwig

Um selbst als Welt
Sich zu erfinden

Tor und Geleit
Sich jetzt verbinden

Um aufzublühen
Einzuhüllen
Aufzubrechen
Einzuhüllen

Wird sich als Ganzes
Zu erleben

Als Geist der Liebe – frei zu leben

Sich jetzt zu legen

Macht's gut

So leb' ich in der Stille
Die lastend auf mir ruht
Es war so nicht mein Wille
Die Leere und die Wut

Lebt wohl mit Euren Lieben
Allein Tugend ist von wert
Zeit lässt sich nicht verschieben
Mir bleibt sie bald verwehrt

Der Moment
Als Ewigkeit

Unvergänglich eingehüllt
Unverwüstlich ausgefüllt

Zeit verwebt
Doch so klar

Ist dieser Klang
Der seinen Weg
Nicht sucht – er findet

Der diese Welt versucht
Dann schwindet

Mein geliebter Ludwig,

diesen Brief wirst Du nicht mehr lesen können und doch will ich ihn schreiben.

Geliebter,
wie unendlich schwer ist mein Herz.

Dich gehen zu lassen, nichts hätte schmerzhafter sein können.

Wie dankbar bin ich aber, diese letzten, kostbaren Stunden an Deiner Seite verbracht zu haben.
So gerne wäre ich mit Dir alleine gewesen und hätte Deine Hand gehalten.

Tief berührt

Tief berührt
Den Zauber längst verhallter

Hinweg gespült
Hinfort gelicht
Hinauf getragen

Als Traum
In dieser Welt
Gespürt

Unendlich – Nah

Verführt
Veredelt

Es konnte nicht sein.

Und doch waren wir uns ganz nah.

Deine Blicke, in diesen Stunden des Abschieds, ich werde sie nie vergessen.

Mein wertvollstes Seidentuch, berührte noch einmal Deine Haut und nun ist es immer bei mir.
Es enthält die letzten Tropfen Deines Lebens, welche langsam über Dein Gesicht rannen.
Ich kann nur in der Nacht weinen, damit niemand meine Tränen sieht.

Die immer schön
Nur ihr geweihet sind und bleiben

Nur Dir

Die Du vollkommen bist

Am Tage erstarren meine Tränen zu einer spiegelglatten, toten Fläche, aber kaum berührt das Licht des Mondes meine Augen, fließen sie unaufhaltsam über mein trauriges Gesicht.

Geliebter, das Leben ist endlich, nicht aber die Liebe, durch welche wir für alle Ewigkeit verbunden sind.

In niemals endender Liebe,

Elise

Die Du vollkommen bist

Unendlich
Eben
Klar

Ich liebe Dich

Dich – der ich mich schwerd öffne

Die lichterfüllend
In mich scheint

Wird ihre hellen
Zarten Flügel

In jene dunkle Wirbel bringt

Liebe ist unsterblich
*Liebe **ist***

Lege all Dein Schicksal Licht
In mich

Ich will Dich umgeben
Zitternd halten
Sanft unschliesen

Wie flüsternd Tauben
Die sich streifen
Erst zart umflügen
Dann begehren

So will ich mich
Mit Dir vermischen

Mit Dir

Angefangene Bücher

Was passiert
Mit den Büchern
Die wir schließen
Bevor wir sie
Zu Ende geschrieben haben

Was passiert
Mit den Träumen
Aus denen wir erwachen
Bevor wir sie
Zu Ende geträumt haben

Vielleicht...

Nur ganz vielleicht

Lebenslang

Aus Wolken
Du in Klängen sprichst

Erhörre mich
Die ich erwartend
Dich empfange

Mit allen Farben
Die ich bin

Und allen Farben
Die ich werde

So durchdringe
Meine zarte Hülle

Gibt es irgendwo einen Ort
An dem sie sich sammeln

All diese Anfänge

Einen Ort
An dem sie leben
Und einfach nur sind
Was sie sie sind

Angefangene Bücher
Und halbgeträumte Träume

Die trotzdem
Irgendwie

Vollkommen sind

vom ehsten Augenblicke an und hast nie
einen Funken davon verloren!
Und so lebe ich dieser Zauber,
Tag für Tag,
Stunde für Stunde,
Minute für Minute,
Herzschlag für Herzschlag!

In ewiger Liebe,
ein glückliches Herz

Weiße Schneeflocken
fallen
aus dem schwarzen
Himmel

Und werfen
schwarze Schatten
auf den weißen
Schnee

Und dann... die Gewissheit - ich füllte
Dich und wusste nicht wohin mit mir.
Du hast mich mitgenommen,
weggetragen, hochgehoben und...
lächeln lassen.

Du hast einen Raum in mir gefüllt,
der viel zu lange leer war.
Bleib
und ich lache, weine, lebe, webe, liebe in,
durch und mit Dir!
Ich will nur von Dir berührt
werden, denn nur Du
hast diese Wärme,
Liebe und...
diesen Zauber!
Du hast mich verzaubert.

Wolken

Wolken schweben
Wolken ziehen

Wolken formen sich
Zu Neuem

Zu phantastischen Träumen
Die nicht sind

Sie verändern

Verwandeln

Verformen sich

Meine Liebe, mein Glück!

Wenn ich am Morgen meine Augen öffne, bist Du es, die mit mein erstes Lächeln schenkt.
Du legst Dich zart auf meine Lippen, berührst und formst sie.
Du bist es, die sanft meine Augen küsst, sie streichelt, hoffen und lieben lässt.
Du trägst mich in und durch den Tag, verzauberst meine Welt, hältst und schützt mich.

Ich hätte etwaiet, dass es Dich gibt ... gehofft, gesehnt ... doch mich gezweifelt.

Ein ewiger Zauber
Der Transformation

In veränderlichen Formationen

Die niemals sind
Denn stets sind sie am werden

Gedanken schweben
Gedanken ziehen

Gedanken formen sich zu Neuem

Zu phantastischen Träumen
Die nicht sind

Schneeflocke

Unaufhaltsam
Sinkt sie nieder

Küsst die Welt
Verschwindet dann wieder

Und geht
–
Als ob sie Niemals wär

Sie verändern

Verwandeln

Verformen sich

Ein ewiger Zauber
Der Transformation

In veränderlichen Formationen

Die niemals sind
Denn stets sind sie am werden

Nichts ist wirklich vergänglich
Es verändert sich nur

Irgendwann
ist der Sand hindurchgelaufen

Die Zeit ist um

Doch - wenn Du die Sanduhr drehst
Läuft der Sand zurück

Bitte drehe nun
die Sanduhr (das Buch) um

Willkommen in einer unendlichen
Zeitschleife

Christine Franke

Bild: Sven Krämer – Studioline

Christine Franke (geb. Becker), 1987 in Frankfurt am Main geboren, von ganzem Herzen Träumerin und malende Lyrikerin, versinkt immer wieder in farbenreichen Märchenwelten, um dort scheinbar Vergangenes wieder zum Leben zu erwecken, oder ganz eigene Realitäten zu erschaffen.

„Meine Gedichte / Briefe / Bilder stammen aus kleinen Traum- und Gedankenwelten. Natürlich ist es schön über „die Liebe" zu schreiben, aber genauso wichtig ist es mir, dass auch ernste Themen, wie Holocaust, Flucht oder Depression lyrisch eine Heimat finden. Die Lyrik ermöglicht mir, selbst vergangenes Leid, liebevoll in den Arm zu nehmen und mit Hoffnung zu versehen.".

CPSIA information can be obtained
at www.ICGtesting.com
Printed in the USA
BVHW042350190319
543179BV00011BA/109/P